Artwork originally created for a collaboration with SHIBUYA TSUTAYA in 2021

Muneyuki Kaneshiro

Im Sport geht es, anders als im Leben, um Sieg oder Niederlage. Das kann grausam, energisch und hitzig werden, und ich liebe es. Daran dachte ich, als ich Bier trinkend vor dem TV-Bildschirm saß.

Yusuke Nomura

Ich mag Action-Filme.
Ich mag Action-Anime.
Ich wünsche mir, dass dieser Manga alle Leser:innen genauso bewegt und mitreißt.

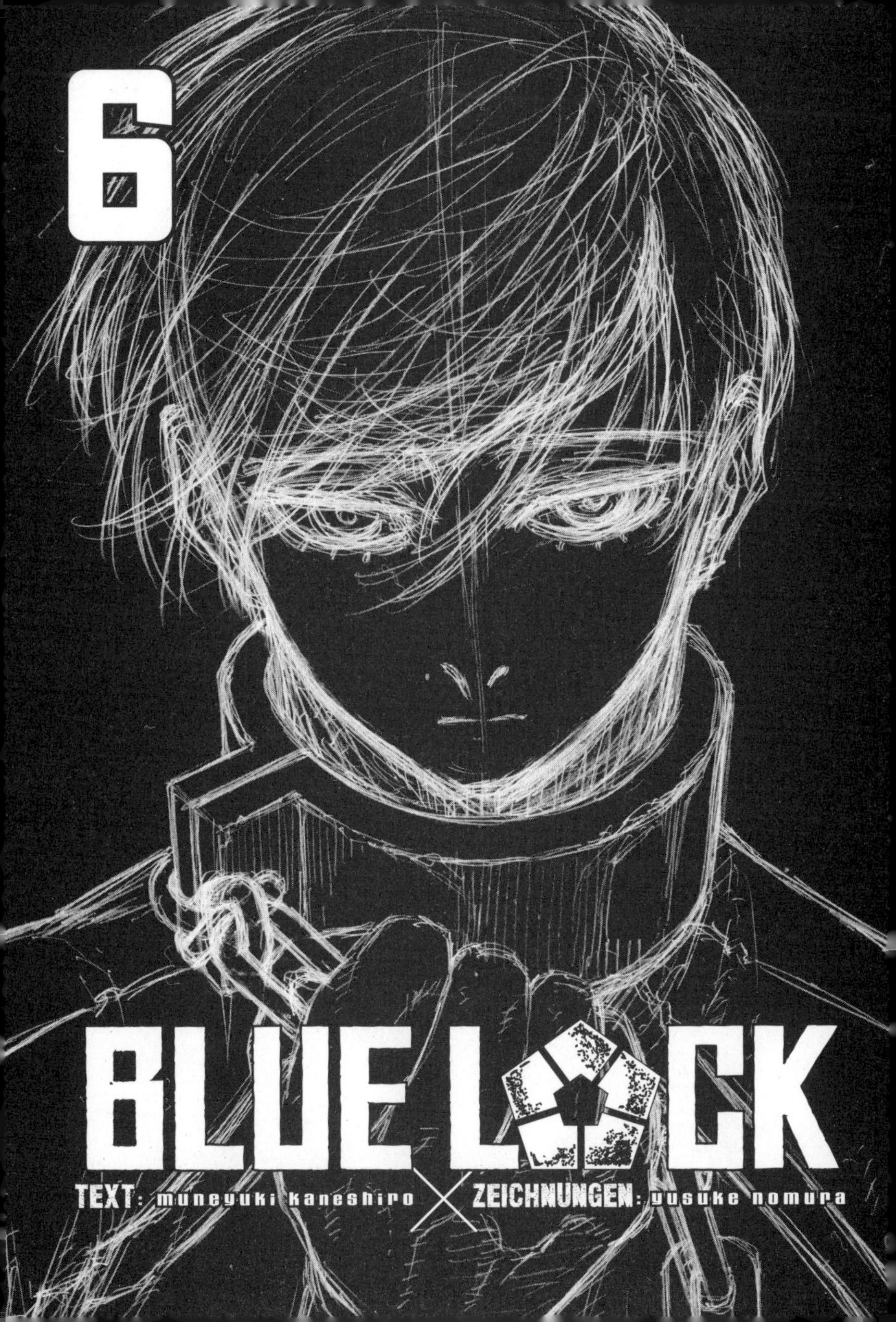
6
BLUE LOCK
TEXT: muneyuki kaneshiro × ZEICHNUNGEN: yusuke nomura

Figuren
TEAM Z
Yoichi Isagi
Der Protagonist. Entwickelt sich trotz aller Schwierigkeiten bei Blue Lock täglich weiter. Seine Waffen sind sein hohes Maß an räumlicher Wahrnehmung und seine Volleyschüsse.
Meguru Bachira
Ein freigeistiger Stürmer, der seinem Instinkt folgt. Seine Waffe ist das Dribbeln.
Team Z hat die erste Auswahl überstanden!
Rensuke Kunigami
Ein heißblütiger Stürmer. Seine Waffe ist sein Distanzschuss mit links.
Hyoma Chigiri
Ein kühles Sturmtalent. Seine Waffe ist sein Tempo.
Wataru Kuon
Seine Waffe ist seine Sprungkraft. Kann er seinen Namen reinwaschen?!

Yudai Imamura
Jingo Raichi
Gin Gagamaru
Gurimu Igarashi
Asahi Naruhaya
Okuhito Iemon
Die Rivalen in der zweiten Auswahl!
Reo Mikage
Nagis Partner.
Zantetsu Tsurugi
Ist ein Idiot, aber dafür pfeilschnell.
Rin Itoshi
Ein rätselhafter, anmaßender Stürmer.
Seishiro Nagi
Ein genialer Stürmer, der erst ein halbes Jahr Fußball spielt.
Jinpachi Ego
Ein mysteriöser „Egoistencoach“, der angeheuert wurde, um Japan zum WM-Titel zu führen.
Junichi Wanima
Shoei Baro
Anri Teieri
Ein neues Mitglied der Japan Football Union und die einzige Frau unter den Managern.
Ikki Niko

Inhalt

Zweite Auswahl
1. Stufe
Kapitel 41: Blue Lock Man
WAS IST DAS DENN?
EIN HOLOGRAMM?!
BLUE LOCK MAN VS. YOICHI ISAGI

BWUNN
!
TOR ZONE
AUF DEN PANEELEN DAHINTER BILDET SICH EIN TOR AB?!
HEISST DAS, ICH SOLL DADRAUF SCHIESSEN?!
?!
PLING
PLING
DIE PROJEKTION AUF DEM BODEN BEWEGT SICH?!

DER BEREICH WIRD ...
PLING
PLING
PLING
PLING
... IMMER KLEINER?!
JETZT VERSTEHE ICH.
DAS IST EIN TRAINING FÜR EINE STRAFRAUM-SITUATION!
ICH MUSS SIE RICHTIG EINSCHÄTZEN, ...
... UND DEN KLEINER WERDENDEN BEWEGUNGS-RADIUS ...
... SOWIE DEN TORHÜTER ÜBERWINDEN ...

... UND EIN TOR SCHIESSEN!
FWOCK
ICH HAB INNERHALB DES BEREICHS GESCHOSSEN!
DAS DÜRFTE PASSEN, ODER?!
PLING
DIE FLUGBAHN IST AUCH PERFEKT!
BWUNN

KLATSCH
DEN HAT ER PARIERT?!
UND ÜBERHAUPT, DIE PROJEKTION HAT DEN BALL BERÜHRT?!
?!
IM ERNST ?!
ALSO ...
... NORMALERWEISE WÜRDE DER DOCH REINGEHEN, ODER?!
WAS WAR DAS FÜR EINE BEWEGUNG?
DAS WAR KEIN OBERSCHÜLER-NIVEAU!
WAS IST DAS FÜR EIN DING?!
TMP
KAKLONG
KULLER KULLER
WUMP

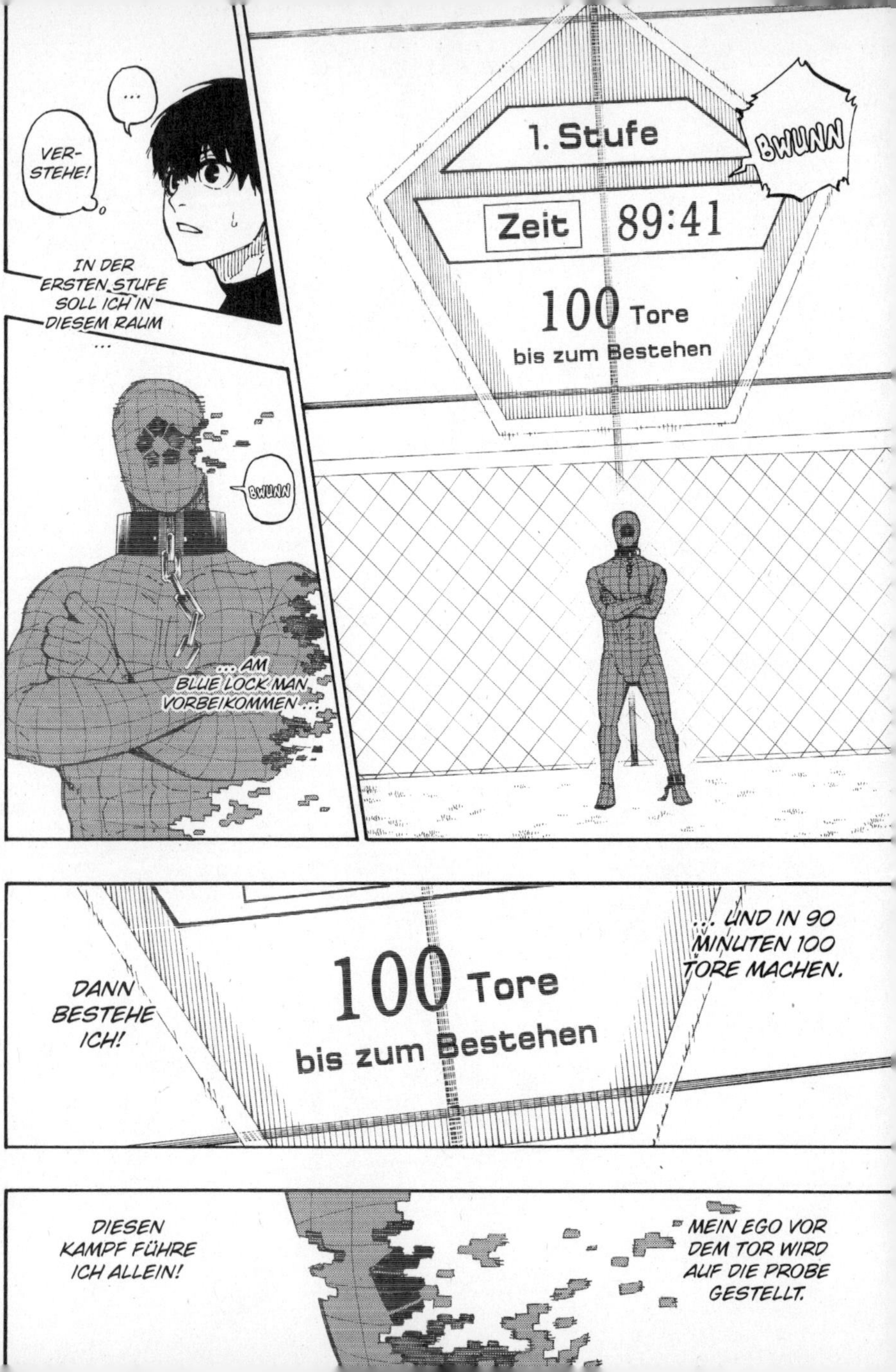

1. Stufe
BWUNN
Zeit 89:41
100 Tore bis zum Bestehen
...
VER-STEHE!
IN DER ERSTEN STUFE SOLL ICH IN DIESEM RAUM ...
BWUNN
... AM BLUE LOCK MAN VORBEIKOMMEN ...
... UND IN 90 MINUTEN 100 TORE MACHEN.
100 Tore bis zum Bestehen
DANN BESTEHE ICH!
MEIN EGO VOR DEM TOR WIRD AUF DIE PROBE GESTELLT.
DIESEN KAMPF FÜHRE ICH ALLEIN!

INDEM MAN EINFACH NUR SCHIESST, KANN MAN HIER KEINE TORE ERZIELEN.
WER KEINE HERVORRAGENDE WAFFE BESITZT, ...
... KANN DIESEN RAUM NICHT SCHAFFEN!
ES IST ZEIT, MEINE WAFFE, ...
... MEINE TORFORMEL ZU TESTEN!
INTERES-SANT.
DANN MAL LOS.

PLING
KATSCHACK
?!
BWUNN
DA! DER BALL KOMMT VON LINKS!
ERFASSE …
… DEN RAUM SOFORT!
UND DAS TOR IST DIESES MAL RECHTS!

... UND LAUFE, OHNE ZEIT ZU VERSCHWENDEN, ...
... ZUM VORAUSSICHTLICHEN LANDEPUNKT DES BALLS!
Zeit 89
100 Tore bis zum Besteh
BWOSCH
FÜHLE DIE FLUGBAHN ...
... UND GESCHWINDIGKEIT DES BALLS ...
ICH KRIEG IHN!
ERKENNE DANN DIE ENTFERNUNG ZUM TORHÜTER ...

...UND SCHIESS VOLLEY*!
* VOLLEY (ODER DIREKTABNAHME) BEZEICHNET DAS SPIELEN EINES BALLS, BEVOR DIESER DEN BODEN ERREICHT.
KLONK

TOR
GUT ...
ICH SCHAFFE DAS!
BWUNN
99 Tore bis zum Bestehen
BWOSCH

ABER DIESES TRAINING IST GROSSARTIG!
ES SIMULIERT DEN ENTSCHEIDENDEN AUGENBLICK VOR DEM TOR.
10 Tore
WENN MAN ALSO DIE PRÄZISION SEINER WAFFE ...
20 Tore
... UND DIE EIGENE ABSCHLUSSSTÄRKE* NICHT VERBESSERT, BESTEHT MAN HIER NICHT!
* DIE FÄHIGKEIT, TORE ALLEINE ZU ERZIELEN
30 Tore
ALLES IST GUT ... ICH SCHAFFE DAS!
MEINE WAFFE FUNKTIONIERT!

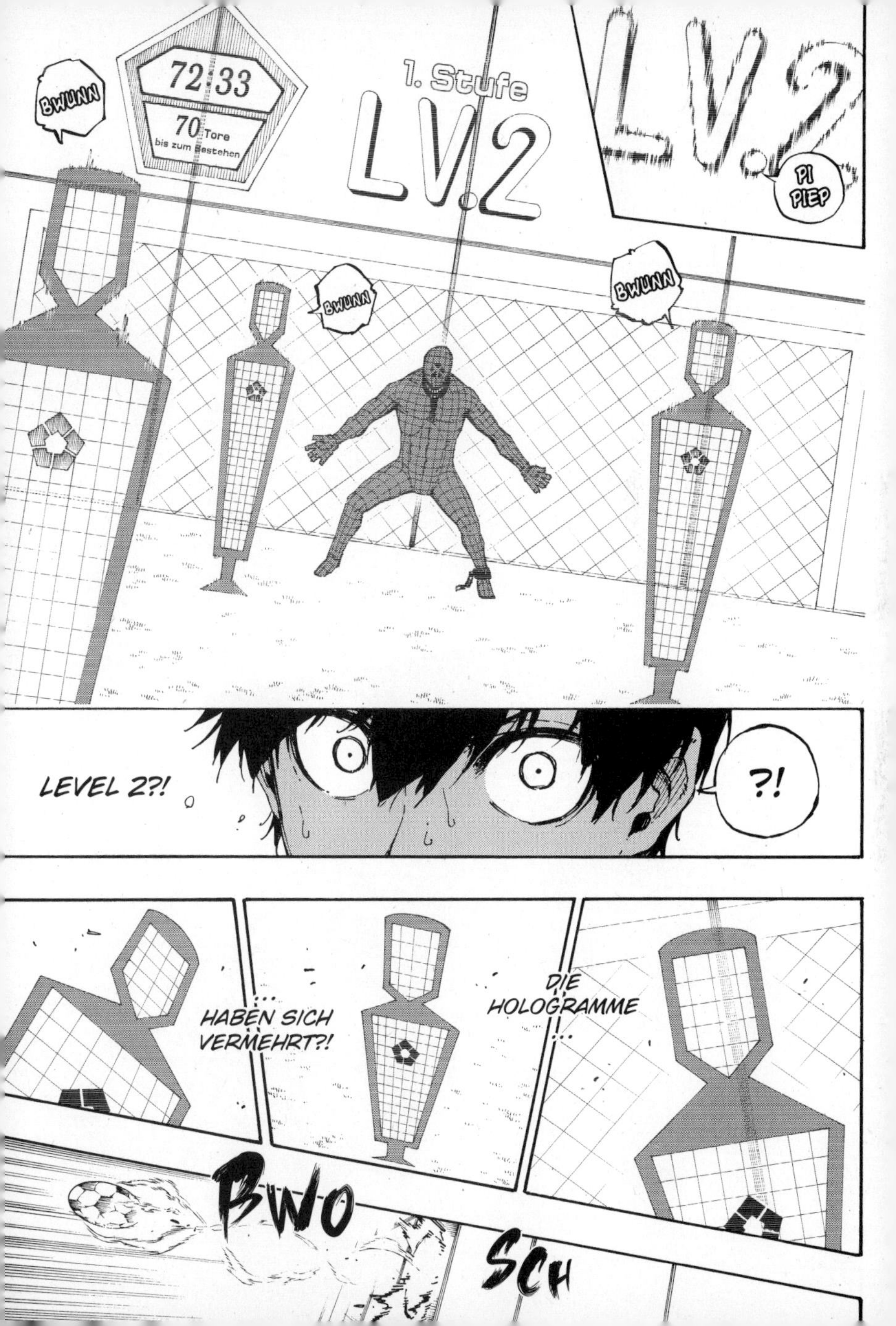

LV.2
PI PIEP
1. Stufe
LV.2
72:33
70 Tore bis zum Bestehen
BWUNN
BWUNN
BWUNN
?!
LEVEL 2?!
DIE HOLOGRAMME ...
... HABEN SICH VERMEHRT?!
BWO SCH

DAS ÜBERRASCHT MICH NICHT!
WENN EINE STRAFRAUMSITUATION SIMULIERT WIRD, …
… IST ES NUR NATÜRLICH, DASS VERTEIDIGER DA SIND!
ICH MUSS DIE LÜCKEN ZWISCHEN IHNEN ANVISIEREN!
DA!

BAMM
UFF, DAS IST SCHWER!
DER SCHWIERIGKEITSGRAD ...
... IST IN DIE HÖHE GESCHOSSEN!
WAPP
SO WIRD DAS NICHTS. ICH MUSS PRÄZISER WERDEN.
VIEL PRÄZISER!
WENN ICH MICH NICHT WEITERENTWICKLE, ÜBERSTEHE ICH DAS NICHT!

ERSCHAFFEN DURCH VERBESSERUNG EINER ANLAGE ZUR VERSTÄRKUNG DER SCHNELLKRAFT VON DEUTSCHEN TOPKLUBS …
EIN TRAININGSRAUM, IN DEM BÄLLE ZUFÄLLIG AUS ALLEN VIER WÄNDEN ABGEFEUERT WERDEN …
… UND DER MIT HOCHAUFLÖSENDEN BILDSCHIRMPANEELEN GEFLIEST IST.
ABER ALLEM VORAN …
… STEHT DAS BLUE-LOCK-MAN-SYSTEM. EIN HOLOGRAFISCHER KI-TORHÜTER, …
… DER DATEN VON DEN TORHÜTERN DER WELTBESTEN KLUBS GESAMMELT HAT.

Mikro-
sensor-
chip
Gewicht
UM DIES ZU ERMÖGLICHEN, WURDE EIN MIKROSENSORCHIP IN DEN BALL EINGEBAUT, …
… DER BEI KONTAKT MIT DEM HOLOGRAMM EINE PHYSIKALISCHE ABSTOSSUNG ERZEUGT.
Abpraller
HOLOGRAFISCHE SPORTTECHNOLOGIE.
ICH SAGE ES OHNE UMSCHWEIFE, …
… HERR EGO:
WIR HABEN KEIN BUDGET MEHR.
HALTEN SIE DIE KLAPPE, ANRI.
UIEK
DAS IST FANTAS-TISCH.
GENAU SO HABE ICH MIR DIESEN RAUM VORGESTELLT.
…

UM DIESE ERSTE STUFE ZU BESTEHEN, ...
... GIBT ES GANZ UNTERSCHIEDLICHE METHODEN UND SIE HÄNGEN DAVON AB, WIE DIE SPIELER IHRE FÄHIGKEITEN EINSETZEN.
DIE SPIELER, DIE BISHER NICHT DURCH IHR EIGENES KÖNNEN, ...
... SONDERN DURCH DIE TORE VON ANDEREN ÜBERLEBT HABEN, ...
... WERDEN IN DIESEN 90 MINUTEN AUSGESIEBT.
ABER FÜR JENE, DIE EINE NULL IN EINE EINS VERWANDELN KÖNNEN, ...
... DIE STÜRMER, DIE IHRE EIGENE WAFFE BESITZEN, ...

WENN IHR DIESEN RAUM VERLASST, ...
... WIRD DIES ZU EINEM ORT DER WEITERENTWICKLUNG, ...
... AN DEM SIE IHR TALENT SCHÄRFEN UND VERFEINERN KÖNNEN.
TESTET AUS, WIE EURE WAFFE ANZUWENDEN IST.
UND DANN SPÜRT, WIE IHR EUCH VERBESSERT.
... WERDET IHR ...

... STÜRMER ...
... DER NÄCHSTEN DIMENSION SEIN.
67:5
69 Tore bis zum Beste
JAAA!
ICH WERDE MICH HIER GANZ SICHER WEITERENTWICKELN!

49:33
53 Tore
Zweite Auswahl
1. Stufe Level 2
Kapitel 42: Vollständige Veränderung
DIE ZUFÄLLIG ERSCHEINENDEN HINDERNISSE, ...
... ABSCHUSSPUNKT UND FLUGBAHN DES BALLS ...
... SOWIE DIE POSITION DES TORHÜTERS ...
WENN ICH DAS ALLES IM GRIFF HABE, ...
... KANN ICH TORE MACHEN!

TOR
DOMM
eit 48:20
52 Tore
bis zum Bestehen
PLING
ICH KANN BESTEHEN!

IRGENDWIE …
… MACHEN EINIGE DER JUNGS TATSÄCHLICH GROSSE FORTSCHRITTE.
DIESES TRAINING IST SUPER.
ES IST NOCH ZU FRÜH, UM BEEINDRUCKT ZU SEIN, ANRI.
DIE EIGENTLICHE PRÜFUNG DER ERSTEN STUFE …
… BEGINNT JETZT.
HAH
HAH
KLATSCH
Zeit 42:17
BWUNN
40 Tore bis zum Bestehen

BWUNN
1. Stufe
LV. MAX
Zeit 42:17
40 Tore bis zum Bestehen
!
MAXIMALES ... LEVEL?!
Stufe
.MAX
VRRRN
?!
ERNST-HAFT?
DIE HINDERNISSE ...
... HABEN SICH IN BEWEGUNG GESETZT?!

G... GANZ RUHIG!
DIE VOR-GEHENSWEISE DÜRFTE GLEICH BLEIBEN.
BWOSCH
FWOOOH
S... SO SCHNELL?!
UND ER HAT SOGAR SPIN?!
DABEI WAREN ES BISHER LANGSAME BÄLLE OHNE SPIN!
DER IST SCHWER ZU TREFFEN!
BAMM
HNGH!
DAS IST ALSO DAS MAXIMAL-LEVEL!

PRAXISNAHE ZUSPIELE AUF HOHEM NIVEAU …
… UND SICH ZUFÄLLIG BEWEGENDE HINDERNISSE.
SO WIRD EINE SITUATION VOR DEM TOR AUF WELTKLASSENIVEAU SIMULIERT.
AUFFAS-SUNGSGABE, REAKTION, …
… SCHUSS-GENAUIG-KEIT UND -QUALITÄT …
… UND DIE AUSDAUER, DAS 90 MINUTEN AUF DEN PLATZ ZU BRINGEN.
WER TECHNIK SOWIE GEISTIGE UND KÖRPERLICHE FÄHIGKEITEN NICHT IN SICH VEREINT, …
… KANN DIESE STUFE NICHT ÜBERWINDEN.

PATSCH
SCHWINDLER WERDEN HIER IHRE UNFÄHIGKEIT ZU SPÜREN BEKOMMEN.
HAH HAH
SCHEISSE!
SEIT EBEN KANN ICH KEINEN EINZIGEN MEHR VERWANDELN!
NA JA, …
… DASS ICH TROTZDEM NOCH LAUFEN KANN, …
… LIEGT SICHER AN DEM TRAINING, DASS WIR BIS GESTERN GEMACHT HABEN.
ABER … ICH HAB DAS GEFÜHL, …
… DASS ICH EINES JETZT ZUM ERSTEN MAL WIRKLICH BEGREIFE.

WENN ICH BISLANG EIN TOR ERZIELEN KONNTE, ...
... LAG DAS IMMER ...
... AN MEGURUS PÄSSEN.
BWOSCH
DAS WAREN KEINE ABSURDEN BÄLLE WIE DIE HIER.
MEGURU HAT MIR EINFACHE BÄLLE ...
... DORT HIN-GESPIELT, WO ICH FREI SCHIESSEN KONNTE.
RENSUKE WURDE IMMER ...
... ZU EINER WAND, DIE VERTEIDIGER ANZOG.

UND HYOMA …
… WARTETE IN MEINEM BLICKFELD IMMER AUF PÄSSE.
WEIL SIE DA WAREN, …
BAMM
… KONNTE ICH MEINE TORE ERZIELEN.
ES IST NICHT SO, …
… DASS ICH ALLEINE GEKÄMPFT HABE.
SO WIRD DAS NICHTS.

ICH WILL DIE STÄRKE HABEN, ...
... ALLEINE KÄMPFEN ZU KÖNNEN!
BÜNDELE DEINE FÄHIGKEITEN!
ÜBERLEGE SORGFÄLTIG, WAS ZU TUN IST!
PLING
SCHÄRFE DEINEN VER-STAND!
LOS GEHT'S!
KATSCHACK

BWOSCH
ERFASSE DEN RAUM ...
... IN EINEM AUGENBLICK!
SIEH DIE POSITION DER VERTEIDIGER UND DES TORHÜTERS VORAUS ...
... UND RENNE OHNE UMSCHWEIFE IN SCHUSS-POSITION!
WAPP
ERFASSE FLUGBAHN UND ROTATION DES BALLS PERFEKT.
UND DANN ZIEH AB UND NAGELE IHN LINKS OBEN IN DEN WINKEL!
DOMM

KLONG
ARGH?!
KNAPP!
NEIN, DAS WAR NICHTS! ER HAT ERST GAR NICHT DIE ANVISIERTE SCHUSSBAHN GENOMMEN!
Anvisierte Schussbahn
Tatsächliche Schussbahn
RAUMWAHRNEHMUNG UND POSITIONIERUNG KRIEGE ICH HIN, ABER ...
... DAS WICHTIGSTE, DEN VOLLEYSCHUSS, TREFFE ICH NICHT SO, WIE ICH ES MIR VORSTELLE!
SHIT ...
MIT DER IMMER GLEICHEN HERANGE-HENSWEISE WIRD DAS NIE WAS.
WAS MIR JETZT FEHLT, ...

!
... IST TREFF-SICHERHEIT!
BWOSCH
MOMENT MAL ...
DIE PÄSSE, DIE ICH BISHER VON MEGURU BEKAM, WAREN LEICHT VERWERTBAR, ABER ...
... BEI DEN WILDEN ZUSPIELEN IN DIESEM RAUM IST ES SCHWIERIG, SIE PRÄZISE ZU TREFFEN!
ACH SO!
ICH DARF NICHT EINFACH BLINDLINGS ABZIEHEN!
VIELLEICHT REICHEN BEIM SCHIESSEN ...
... 80, NEIN 70 PROZENT ...
... DER BISHERIGEN KRAFT.

UND IM LETZTEN MOMENT ...
... VOLLE KONZEN-TRATION ...
... AUF DEN AUFPRALL-PUNKT!

FWOSCH
BA
DOMM
TOR
DAS IST ES!
DAS IST DIE ESSENZ MEINER TORE!

IN JEDEM EINZELNEN VOLLEY ...
Tor
Volley
Räumliche Wahrnehmung
Stellungsspiel
Schusstechnik
... STECKEN MECHANISMEN UND FORMELN!
WAS IST JETZT LOS?
DAS MACHT UNHEIMLICHEN SPASS!
ICH ENTDECKE ...
... STÄNDIG NEUE SEITEN AN MIR!

DIESER JUNGE …
… IST SCHLAGARTIG BESSER GEWORDEN!
MENSCHEN SIND EBEN GESCHÖPFE, DIE NUR SEHEN, WAS SIE SEHEN WOLLEN.
INDEM SIE EIN PROBLEM ERKENNEN, …
… WERDEN IHRE DENK-MUSTER …
… UND DAS, WAS SIE SEHEN, …
… VOLLSTÄNDIG VERÄNDERT.

DIESER SPIELER …
… DÜRFTE ANGESICHTS SEINER WEITERENTWICKLUNG VOLLER ELAN SEIN.
Zeit 05:13
1 Tore zum Besteh
BAM
BWUNN
0 Tore

JAAAA!
Yoichi Isagi hat 100 Tore erzielt!
Zweite Auswahl, erste Stufe bestanden!
NIE ZUVOR HABE ICH …
… SO VIEL ÜBER EIN EINZIGES TOR NACHGEDACHT.
ICH HAB DAS GEFÜHL, DASS ICH ES GERADE MIT JEDEM AUFNEHMEN KÖNNTE!
2. Stufe
ICH BIN NOCH NICHT AM ENDE ANGELANGT.
ICH KANN NOCH STÄRKER WERDEN!

Bildet Dreierteams und geht dann weiter.
Nächste Stufe
!
2. Stufe
DAS HIER IST ...
Bildet Dreierteams und geht dann weiter.
... DIE ZWEITE STUFE?!

Kapitel 43: Dreierteams

DREIERTEAMS BILDEN?
WAS KOMMT JETZT?
DIE, DIE VOR MIR HIER ANKAMEN, ...
... HABEN AUCH ALLE DIE ERSTE STUFE BESTANDEN, RICHTIG?
GUCK
Nächste Stufe
!
NAGI UND MIKAGE SIND AUCH HIER.
KLAR, DA ES DREIER-TEAMS SIND ...
... WARTEN SIE SICHER AUF TSURUGI
OB DIE ANDEREN AUCH AUF JEMANDEN WARTEN?
VRRRN

AH!
YOICHI!
MEGURU!
YAY, GLEICH WIEDER ZUSAMMENGEFUNDEN!
KLATSCH
GLÜCKWUNSCH ZUM BESTEHEN! SAUBER!
Bildet Dreierteams
HM ...
VERSTEHE.
IN DER ZWEITEN STUFE SOLLEN WIR EINFACH NUR EIN TEAM BILDEN?
Nächste Stufe
SIEHT SO AUS.
...

WER WIRD UNSER DRITTER MANN?
WAS?
ICH, ...
... DU, ...
... FEHLT NOCH EINER.
ÄH ...
ER HAT MICH ...
... EINFACH IN SEIN TEAM GESTECKT.
WEN HÄTTEN WIR GERN?
NA JA, SOLL MIR RECHT SEIN.
NOCH EINER ALSO ...
TJA, WEN?
ALS WÜNSCHENSWERTE MITSPIELER FALLEN MIR SPONTAN EIN:
RENSUKE ...
... ODER HYOMA.

HM, KLINGT GUT.
ABER DA ES DREIERTEAMS SIND, KÖNNEN WIR NUR NOCH EINEN DAZUHOLEN.
WER IST DIR LIEBER?
GUCK
ALSO, ...
... DA NOCH KEINER VON BEIDEN HIER ZU SEIN SCHEINT, ...
Stufe
... TUN WIR UNS MIT DEMJENIGEN ZUSAMMEN, DER ALS ERSTES HIER ANKOMMT.
WAS MEINST DU?
EINVER-STANDEN.
DANN WIRD DAS UNSER NEUES TEAM.
OKAY!
HEY, YOICHI ISAGI.
SST
!
. Stufe

WILLST DU DICH NICHT MIT UNS ZUSAMMEN-SCHLIESSEN?
WAS?
KOMM IN UNSER TEAM.
HEY, HEY, SEISHIRO.
ALS DU SAGTEST, DU WARTEST AUF JEMAND BESTIMMTES, ...
... MEINTEST DU DEN TYPEN?
JA.
ER WAR IMMERHIN DER HERAUS-RAGENDSTE IN UNSEREM SPIEL.
ICH WÜRDE GERN MAL MIT IHM FUSSBALL SPIELEN.

TJA.
WAS MACHST DU JETZT?
GEHST DU MIT IHNEN?
...
AUSGE-SCHLOSSEN.
ICH BILDE MIT DIR EIN TEAM.
SORRY, NAGI.
ICH KANN NICHT ALLEINE ZU EUCH KOMMEN.
...
DA HAST DU'S.
...
OKAY.
VERSTEHE.

DANN ...
?!
WAS?
HÄ?
... KOMME ICH EBEN IN DEIN TEAM.
DAS WÄRE DOCH IN ORDNUNG, ODER?
WA...

WAS REDEST DU DA, SEISHIRO?
DASS DU …
… MIT MIR EIN TEAM BILDEST, IST DOCH WOHL KLAR, ODER?
WAS DENKST DU DIR DABEI?!
WAS WIRD DENN DANN AUS MIR?!
2. Stufe
…
REO, …
… DU HAST MIR DAS FUSS-BALLSPIELEN BEIGEBRACHT.
DU BIST WITZIG!
ALSO GUT, DU MUSST NICHT HART ARBEITEN!
SPIELEN WIR FUSS-BALL!
DU UND ICH, WIR WERDEN DIE BESTEN DER WELT.
DAS STEHT AUSSER FRAGE.
ABER WIR HABEN VERLOREN.
WIR WAREN NICHT DIE STÄRKSTEN.

ICH WAR ZUM ERSTEN MAL FRUS-TRIERT.
UND UM DIESEM GEFÜHL AUF DEN GRUND ZU GEHEN, ...
2. Stufe
ICH ...
... WILL MIR MAL MÜHE GEBEN.

... WILL ICH MIT YOICHI FUSSBALL SPIELEN.

WAS ZUR HÖLLE?
MACH DOCH, WAS DU WILLST.
WAS JETZT, YOICHI?
...
TJA ...
WENN RENSUKE ODER HYOMA ZU UNS STOSSEN WÜRDEN, WÄRE ICH ZUVERSICHTLICHER.
ICH WEISS, DASS DAS EINE KLUGE ENTSCHEIDUNG WÄRE.
ABER ...
HEPP.
ABER ...
TMP

ICH WILL AUCH MAL ...
DANN LOS.
SCHAUDER
... MIT IHM FUSSBALL SPIELEN!
DACHTE ICH MIR ♪
Dreierteam
BWUNN
Seishiro Nagi
Meguru Bachira
Yoichi Isagi

Dreierteam
Nächste
YOICHI ISAGI, MEGURU BACHIRA UND SEISHIRO NAGI.
DIESE DREI SCHREITEN ZUR DRITTEN STUFE VORAN.
BIS DANN, REO.
ICH WARTE AUF DICH.
FREUT MICH, SEISHIRO.
BONK
JA.
MICH AUCH.

ER ...
... SAH EIN WENIG TRAURIG AUS.
DU BIST EIN UNERWARTET HERZLOSER TYP.
WAS?
NA JA ...
ICH WÜRDE LÜGEN, WENN ICH SAGTE, ICH WERDE IHN NICHT VERMISSEN, ...
... ABER DIESES TEAM ...
... FAND ICH SPANNENDER.
UND IST DIESEM EGOISMUS ZU FOLGEN, NICHT DER RICHTIGE WEG?
SO LÄUFT DAS DOCH ...
... BEI BLUE LOCK.
...
ER HAT RECHT.
AN DIESEM ORT ÜBERLEBEN NUR EGOISTEN.
GNN

WENN DIE ANDEREN ...
... WAHRE EGOISTEN SIND, ...
... DANN WERDEN WIR UNS IRGENDWANN WIEDERSEHEN!
BIS DAHIN ...
SEISHIRO, ...
... ICH ZÄHLE AUF DICH.
JA.
GLEICHFALLS.
BONK

... GLAUBE ICH NICHT, ...
... DASS WIR DREI VERLIEREN WERDEN!
ICH WÜRDE SAGEN, WIR SIND DIE STÄRKSTEN, ODER? ♪
LOS GEHT'S.
3. Stufe
WIR WERDEN ...
... AUF JEDEN FALL GEWINNEN!

Nächste
Stufe
BLUELOCK
Project

?!
AH ...
RIN ...
... ITOSHI!
BWUNN
Hallo, ... meine Rohdiamanten.

Jetzt beginnt die dritte Stufe der zweiten Auswahl.
Ein Team-kampf drei gegen drei.
GLEICH ALS ERSTES ...
... GEGEN DEN KERL?!

VRRRN
2. Stufe
!
S tu
Sammelbereich für Absolventen der ersten Stufe
Nächste Stufe
Kapitel 44: Rivalenkampf
RENSUKE!
GLÜCK-WUNSCH ZUM WEITER-KOMMEN.
PATSCH
HYOMA!
ICH KENNE HIER …
… KEINEN AUSSER DIR.

NA JA, ...
... ICH HAB DIE JUNGS DA DRÜBEN GEFRAGT ...
... UND DIE MEINTEN, SIE WÄREN SCHON WEITERGE-GANGEN.
Bildet Dreierteams und geht dann weiter
YOICHI ...
... UND MEGURU.
ZUSAMMEN MIT NAGI.
HA!
ERNST-HAFT?
LASSEN DIE MICH EINFACH HIER ZURÜCK.
DIE DREI MACHEN MICH ECHT SAUER.
JA ...
DACHTE ICH MIR AUCH.
...
DARUM, ...
... HAB ICH EINEN VORSCHLAG.
JA ...
VERMUT-LICH ...
... DENKE ICH DAS GLEICHE.

BILDEN WIR EIN TEAM.
3. Stufe
Matching-Bereich
3. Stufe
WIR BEKOMMEN ES DIREKT ...
... MIT DEM ZU TUN?!

3. Stufe
Die dritte Stufe ...
... ist ein Situationskampf im Stil eines Minispiels ...
... in den Teams, die ihr gebildet habt.
5 Tore
3 vs. 3
Jedes Team wird den Blue Lock Man als Torwart haben.
BLUE LOCK MAN
Wer als erstes fünf Tore erzielt, gewinnt.
Und ...
SIEG
... das Gewinnerteam ...

* EIN ALTES KINDERSPIEL, BEI DEM ZWEI TEAMS GEGENEINANDER ANTRETEN, UM DIE MENSCHLICHE ABSPERRKETTE DES ANDEREN TEAMS ZU DURCHBRECHEN. DABEI WERDEN GEFANGENE GEMACHT UND SO DAS GEGNERISCHE TEAM LANGSAM AUFGELÖST.

... WIRD DER SPIELER, DER BIS ZULETZT NICHT GEWÄHLT WIRD ...
WIR NEHMEN DICH.
SIEGER
DANKE!
VERLIERER
WAS? JA, ABER ...
... UND ALS LETZTER ÜBRIGBLEIBT, ...
Ausgeschieden
... AUS-SCHEIDEN.
... DIE VERLIERERTEAMS MÜSSEN MIT DEN VERBLEIBENDEN SPIELERN ZURÜCK IN DIE VORHERIGE STUFE.
4. Stufe
NIEDER-LAGE
UND WENN EIN ZWEIERTEAM ...
VS.
3. Stufe
NIEDER-LAGE
... EIN ZWEI-GEGEN-ZWEI-MATCH VERLIERT, ...
2. Stufe
VS.

Rivalen-kampf
Dies ist die wahre Gestalt der zweiten Auswahl.
Ein Format, bei dem ihr um Mitspieler wetteifert.
Der Rivalen-kampf.
Außer-dem …
… könnt ihr frei entscheiden, gegen wen ihr spielt.
Ein Match kommt nur zustande, wenn beide Teams zustimmen.

VER-STEHE.
ALSO ...
... WERDEN HIER BALD NOCH WEITERE DREIERTEAMS ANKOMMEN?
JA.
...
DAS HEISST DANN, ...
... WIR MÜSSEN NICHT ZWANGSWEISE GEGEN DIE DREI SPIELEN.
DA WIR BEI EINEM SIEG JEMANDEN STEHLEN KÖNNEN, ...
... WÄRE ES DOCH GUT, GEGEN TEAMS MIT SPIELERN ZU KÄMPFEN, DIE WIR GERNE HÄTTEN, NICHT?
Ganz genau.
Die Gegner, die ihr euch aussucht, sind der Schlüssel zum Bestehen.
Und als Indikator dafür ...

… gebe ich eine neue Blue-Lock-Rangliste bekannt.
PIEP PIEP
Natürlich ist das dieses Mal keine Fake-Rangordnung oder so was.
!
PIEP
PIEP
PIEP
Euer Rang entspricht der Reihenfolge, in der ihr die erste Stufe geschafft habt.
Neuer Blue-Lock-Rang 15
YOICHI ISAGI
Neuer Blue-Lock-Rang 16
MEGURU BACHIRA
Natür-lich …
… werden sich eure Ränge basierend auf euren Leistungen in den Matches ändern.
Neuer Blue-Lock-Rang 7
SEISHIRO NAGI

Ihr gehört bereits zu denen, ...
... die auf dem Feld eine Null in eine Eins verwandeln können.
1 0
Dies ist ein Überlebenskampf, ...
... bei dem diese Einsen aufeinanderprallen, ...
... sich vermischen und einander antreiben.
DIEJENIGEN, DIE DIE CHEMISCHEN REAKTIONEN ZWISCHEN DEN EGOS BEHERRSCHEN, ...
... WERDEN JENE STÜRMER SEIN, DIE DAS NÄCHSTE TICKET LÖSEN.

Tut alles, ...
... um zu gewinnen.
BWUNN
JETZT BEGINNT ALSO EIN KAMPF, ...
... BEI DEM MAN SICH ...
... GEGENSEITIG MITSPIELER UND RIVALEN WEGNIMMT!
DAS SIND JA WIEDER BRUTALE REGELN.
KURZUM:
GEWINNEN UND FÜNF SPIELER VERSAMMELN, UM WEITERZUKOMMEN?
SCHEINT SO.
WIE ES AUSSIEHT, BRAUCHEN WIR UNS BEI DER GEGNERWAHL ERST MAL NICHT ZU BEEILEN.
WAS MACHEN WIR, YOICHI?
...
AUF NEUE GEGNER WARTEN ...
... ODER ...
OOOH ...
ACH ...

WAS SOLL ICH TUN?
WAS SOLL ICH TUN?
MANN …
ICH WILL DAS NICHT MACHEN.
SCHAUKEL
SCHAUKEL
Neuer Blue-Lock-Rang 3
AOSHI TOKIMITSU
WENN WIR VERLIE-REN, …
… WERDE ICH GARANTIERT NICHT AUSGEWÄHLT.
HAAAAH
UND BEI DER NÄCHSTEN NIEDERLA-GE …
… WERDE ICH GANZ BESTIMMT AUCH NICHT AUSGEWÄHLT.
UND DANN BIN ICH ALLEINE …
GWUPP
AAAH, ICH WILL NICHT MEHR.
DIESE ZWEIFEL HÖREN NICHT AUF.
ICH WILL DAS NICHT …
DER TYP …
… HAT JA GAR KEIN SELBST-VERTRAU-EN.
WENN WIR SPIE-LEN, …
… DANN GEGEN DIE RÄNGE 4, 5 UND 6, ODER?

DAS WÄRE ...
... AM STILVOLLSTEN.
Neuer Blue-Lock-Rang 2
JYUBEI ARYU
ICH MEINE, SELBST WENN WIR GEGEN DIE KARTOFFELKÖPFE DA GEWINNEN, ...
... WÜRDE ICH DABEI ÜBERHAUPT NICHT SCHÖN AUSSEHEN.
KLAPPE.
MIR IST EGAL, WER DER GEGNER IST.

ICH WILL SCHNELL GEWINNEN UND WEITERKOMMEN.
IHR ZWEI DIENT BLOSS DAZU, DAS TEAM ZU VERVOLLSTÄNDIGEN.
Neuer Blue-Lock-Rang 1
RIN ITOSHI
HÖR MAL.
WAS?
ICH GEBE ZU, DU HAST EIN STILVOLLES GESICHT.
ABER FÜR WEN HÄLTST DU DICH, DASS DU MICH IGNORIERST?
HEY, HEY, HEY!
NICHT STREITEN!
WAS IST DENN MIT DENEN?
SIND DIE KEINE KAMERADEN?
STILVOLL?
IM SINNE VON ELEGANT, SCHÄTZE ICH.

DASS IHR DAS NICHT FALSCH VERSTEHT ...
ICH HABE MICH ...
... NUR MIT EUCH ZUSAMMENGETAN, WEIL IHR SCHNELL FERTIG UND DAMIT ZUFÄLLIG GERADE DA WART.
FÜR MICH IST DAS ALLES EIN SPRUNGBRETT.
SOWOHL IHR, ...
... ALS AUCH BLUE LOCK.
WER GEWINNT, KOMMT IN DIE U-20-NATIONAL-MANNSCHAFT.
ICH BIN NUR HIER, UM DIESES SYSTEM AUSZUNUTZEN.
ICH MACHE DAS ALLES, UM NATIONAL-SPIELER ZU WERDEN ...
... UND MEINEN BRUDER ZU ÜBERTREFFEN.

SAE ITOSHI ZU ZERQUETSCHEN, ...
... IST ALLES, WORUM ES MIR BEIM FUSSBALL GEHT.
SAE ITOSHI ...
DIESES MITTELFELD-GENIE ...
... IST RIN ITOSHIS GROSSER BRUDER?!

HA HA. ♪
WIE GROSS IST SEIN EGO BITTE?
IRGENDWIE BESTEHT DAS TEAM …
… NUR AUS SPINNERN, ODER?
SELBST DEINE HERKUNFT IST STILVOLL?
HMPF!
ICH DENKE, DU BIST QUALIFIZIERT, **MEIN** MITSPIELER ZU SEIN.
…
AAAH!
MIT SO KRASSEN TYPEN IN EINEM TEAM …
ICH BIN BESTIMMT NUR BALLAST!
MEGURU, …
… SEISHIRO, …
… TUT MIR LEID.
WAS?
YOICHI?
ICH WEISS, DASS DIE KERLE STARK ZU SEIN SCHEINEN.
DIR IST DER GEGNER EGAL, RICHTIG?
WAS?
ABER …
… MEIN EGO SAGT MIR, …

SPIELEN WIR!
DAS WOLLTE ICH HÖREN. ♪
HATTE ICH AUCH VOR.
WAS ?!
DAS ...
... HAST DU ZU MIR GESAGT?
UND ...
... VOR ALLEM ...
... DASS ICH GEGEN DEN TYP ANTRETEN WILL!

JA, ...
... IST MIR EGAL.
... WILL ICH IHN IN MEINEM TEAM!
SCHAUDER
Das Match ...
Nächste Stufe
... steht fest!
Berühren
SST
PIEP PIEP
Fingerabdruck-erkennung
3 vs. 3
Match bestätigt

Zweite Auswahl, dritte Stufe
3 vs. 3
Anpfiff zum Rivalenkampf!

3. Stufe
Die Spiele werden auf einem Minifeld von 30 mal 40 Metern ausgetragen!
Die Tore sind auch kleiner.
Beide Seiten haben einen Blue Lock Man mit identischen Fähigkeiten als Torwart.
Der Sieger stiehlt dem Gegnerteam einen Spieler und kommt weiter!
Kapitel 45: Ein Kampf auf Leben und Tod
SST
Der Verlierer büßt einen Spieler ein und fällt zurück.

Drei gegen drei, der Erste mit fünf Toren gewinnt!
Neuer Blue-Lock-Rang 16
MEGURU BACHIRA
Neuer Blue-Lock-Rang 7
SEISHIRO NAGI
Neuer Blue-Lock-Rang 15
YOICHI ISAGI
Die Rivalenkämpfe der dritten Stufe in der zweiten Auswahl!
Team Weiß
VS.
Team Rot
Neuer Blue-Lock-Rang 3
AOSHI TOKIMITSU
Neuer Blue-Lock-Rang 2
JYUBEI ARYU
Neuer Blue-Lock-Rang 1
RIN ITOSHI

UNSER BLUE LOCK MAN IST WEISS, WAS?
NA JA, WIR SIND JA AUCH TEAM WEISS.
ER MACHT EINEN ÜBERAUS KYBERNETISCHEN EINDRUCK! AUF GUTES ZUSAMMENSPIEL! MEISTER!
...
ES IST EGAL, OB DER GEGNER HOCHRANGIG IST.
SIE SIND BLUE LOCKS RÄNGE 1, 2 UND 3.
ICH WILL MEINE FÄHIGKEITEN GEGEN SIE TESTEN!
ICH WILL GEWINNEN ...
... UND IHN ZU MEINEM MITSPIELER MACHEN!
Zweite Auswahl
DAPP
Dritte Stufe

ANSTOSS!
DOSCH
LOS GEHT'S. ♪
DU KÜMMERST DICH UM DIE TOPFFRISUR, AOSHI.
WAS?!
ÄH ...
OKAY!
DER BLUE-LOCK-RANG SAGT NUR AUS, ...
... IN WELCHER REIHENFOLGE WIR DIE ERSTE STUFE BESTANDEN HABEN, RICHTIG?

WAPP
WAPP
ICH HAB KEINE ANGST!
WAPP
WAPP
WAPP
WAPP
AH!
AH!
ÜBERSTEIGER?! SO SCHNELL?!
SSST
FWIPP
TMP
AAAH?!
SORRY, ER IST VORBEI!
WISST IHR, ICH BIN IN DEM BLUE-LOCK-MANRAUM ...
... AUCH EIN LEVEL AUFGE-STIEGEN!
SCHÖN, MEGURU!

ALS NÄCHSTES ITOSHI!
LOS, YOICHI!
JA!
KOMM, MEGURU! DOPPELPASS!
ODER AUCH NICHT.
SEISHIRO!
FWOCK
Team Rot
Team Weiß
0 - 0
OKAY.

ICH …
… BIN DA.
!
ICH …
… STOPPE DICH STILVOLL.
TMP
DOTZ
?!
DIESE DISTANZ, …
… DIESES TIMING …
DAS IST DEINE SCHUSSWEITE, …

... YOICHI.
DAS IST ...
EIN BUTTER-WEICHER PASS.
SCHÖN, SEISHIRO.
KONZEN-TRATION AUF DEN BALL.
NICHT ZU VIEL KRAFT ...
... IN DEN SCHUSS LEGEN.

...
MEIN NEUER VOLLEY!

TOR!
DOSCH
JAAA!
Team
Weiß
1
BWUNN
YOICHI!
IST DEIN SCHUSS PRÄZISER GEWORDEN?
DURCH DAS TRAINING IN DER ERSTEN STUFE ...
JA.
KEINE UNNÖTIGEN BEWEGUNGEN.
... HAT SICH MEIN LEVEL DEFINITIV ERHÖHT!

YAAAY!
SUPER!
ZUDEM VERSTEHEN WIR DIE WAFFEN DER JEWEILS ANDEREN.
PATSCH
DIESEN ANGRIFF KÖNNEN SO NUR WIR DREI FAHREN!
ES FUNKTI-ONIERT!
WIR SIND WIRKLICH STARK.
AAH, MIST! WAS JETZT?!
SELBST GEGEN DIE ERSTEN DREI RÄNGE …
DAS WAR EIN STILVOL-LES TOR.
… KÖNNEN WIR GE-WINNEN!
HAH …

?!
DAS REICHT.
ICH HAB EUER LEVEL ...
... IN ETWA ERFASST.
IHR SEID SO NACHLÄSSIG, ICH STERBE GLEICH.

SST
IHR DENKT IMMER NOCH, DASS MIT EINEM DIESER BÄLLE ZU KÄMPFEN, ... NUR ...
... SPORT IST, ODER?
?
KÖNNT IHR BITTE VERSCHWINDEN? ERNSTHAFT.
Team Rot
Team Weiß
0 - 1
DAS HIER ...
... IST EIN SCHLACHT-FELD.
IHR DREHT GERADE ...
... MIT GEWEHREN BEWAFFNETEN SOLDATEN ...
... EUREN RÜCKEN ZU.
?
?
DARUM ...
... SAGTE ICH, IHR SEID NACHLÄSSIG.

?!
SCHRRP

FWOOOOH
WAS?!
HÄ?
ER ...?!
EIN BLITZ VON DER MITTELLINIE AUS?!

TOR!
ER HAT MIT EINEM SCHUSS VOM ANSTOSS WEG ...
... EIN TOR GEMACHT?!
Team Rot
1
BWUNN
WAHNSINN!

WAS?
IST DAS ERLAUBT?
ABSOLUT.
ABER ...
... NORMALERWEISE WÜRDE DAS NICHT KLAPPEN.
WA...
WAS FÜR EIN SUPERTOR!
HEY, ...
... DAS WAR ZU STILVOLL.
MACH SO WAS NICHT, OHNE MICH EINZUWEIHEN.
WIE GESAGT, ...
... IHR SEID MIR ALLE EGAL.
OB GEGNER ODER MITSPIELER, ...
... FÜR MICH SEID IHR NUR EIN UNBEDEUTENDER MOB.
BEENDEN WIR ES SCHNELL.
DENN DAS IST ECHT REINE ZEITVERSCHWENDUNG.
...

JETZT MAL LANGSAM.
ICH SETZE HIER AUCH MEIN LEBEN ALS FUSSBALLER AUFS SPIEL.
ICH SPIELE GENAU WIE DU, UM MEINEN TRAUM ZU VERWIRKLICHEN.
...
TRAUM?
TAPP
UM SO ETWAS FRIEDFERTIGES UND NACHLÄS-SIGES GEHT ES NICHT.
BEIM FUSSBALL ZU VERLIEREN, BEDEUTET, ...
... SEINE DASEINSBE-RECHTIGUNG ZU VERLIE-REN.
MAN KÖNNTE GENAUSO GUT STERBEN.

FÜR MICH IST FUSSBALL ...
... EIN KAMPF AUF LEBEN UND TOD.
WAS?
LEBEN ... UND TOD?
...
DAS IST TOTAL VERRÜCKT.
DER KERL IST LÄSTIG.
HA HA.
KOMISCHER KAUZ. ♪

NA KOMMT, ICH BRINGE EUCH UM.
EUER NACHLÄSSIGES RUMGEKICKE FINDET HIER EIN ENDE.
Team Rot
Weiß
1 - 1
INTE-RESSANT.
ICH MACHE BEI DEINEM KAMPF AUF LEBEN UND TOD MIT!

ALSO KOMMT, ICH BRINGE EUCH UM.
EUER NACHLÄSSIGES RUMGEKICKE FINDET HIER EIN ENDE.
WAS SOLL DAS?
WIR SPIELEN DOCH DEN GLEICHEN FUSSBALL.
DA WERD ICH SAUER.
INTERESSANT.
Weiß
Team Rot
1 - 1
ICH MACHE BEI DEINEM KAMPF AUF LEBEN UND TOD MIT!
Kapitel 46: Top 3

LEGEN WIR LOS!
WIEDERANSTOSS
SO GUT ITOSHI AUCH SEIN MAG, ...
... DAS IST EIN SPIEL DREI GEGEN DREI! EIN TEAMKAMPF, BEI DEM DER GEWINNT, DER ALS ERSTER FÜNF TORE MACHT!
WAPP
ER ...
... WIRD BEREUEN, ...
... UNS DREI UNTER-SCHÄTZT ZU HABEN.
ITOSHI ...

DICH LASSE ICH NICHT AN DEN BALL.
FWOCK
FFT
FFT
AH!
ICH BIN WIEDER NUR DER KÖDER!
DAPP
TWOMM
?!
SMOOTH.
SCHÖNER PASS, MEGU...
SO HOCH?!
MIST.
ER HAT MICH DURCH-SCHAUT.

ICH ...
Neuer Blue-Lock-Rang 2
JYUBEI ARYU
FWAAH
DEIN BALL-HANDLING IST STILVOLL, ...
... ABER WENN ICH DICH NICHT DRAN LASSE, KANNST DU NICHT GLÄNZEN.
... BIN HERABGESTIEGEN.
EIN RIESENSPRUNG.
ICH BIN JA SELBST ÜBER 1,90 GROSS.
AOSHI, ZWEITER BALL.
BRING IHN ZU MIR
VORS TOR.
WAS ?!
WAH!
WAH!
TAPP

HIER, JYUB…
?!
TMP
WHUCK
AH! DU BIST IM WEG!
ER KOMMT ZU DIR!
SCHÖNE GRÄTSCHE, MEGURU!
WAP
GUT! ICH BIN VOR IHM DRAN!
VOR DEM EIGENEN TOR DEN BALL ZU VERLIEREN, WÄRE TÖDLICH.
ICH WERD IHN ERST MAL SICHERN UND DANN NEU AUFBAUEN.
DOTZ

?!
SWUSCH

WAS?! ER ...
ER HAT DEN BALL GESCHOSSEN, OBWOHL ICH IHN ABGESCHIRMT HAB?!

TOR!
DO
SCH
Team Rot 2 - Team Weiß 1
AUS SO EINER SITUATION WÜRDE DOCH NORMALERWEISE EIN FOUL ENTSTEHEN, ODER?!
WAS FÜR EINE REICHWEITE HAT DER?!
SEINE ARME UND BEINE SIND VIEL ZU LANG!
ER BESITZT EINE AUSSER-GEWÖHNLICHE SPRUNGKRAFT …
… UND EINE FÜR JAPANER ÜBERDURCH-SCHNITTLICHE REICHWEITE.

JYUBEI ARYU!
ES STEHT FEST. AUF DIESEM FELD …
DER TYP IST EIN MONSTER FÜR SICH.
EIN FAST SCHON UNFAIRER KÖRPERLICHER VORTEIL!
… BIN ICH JETZT DER STILVOLLSTE.
SORRY!
ICH HÄTTE NICHT GEDACHT, DASS ER IN DER SITUATION SCHIESST.
VERGISS ES.
MR. STILVOLLES LANGBEIN IST EBEN AUCH GEFÄHRLICH.
ES LOHNT SICH, SIE ZU SCHLAGEN. ♪

WIEDERANSTOSS
PASS, YOICHI!
TMP
WIE GREIFEN WIR AN?!
WENN DER PASSWEG ZU SEISHIRO ZUGESTELLT IST, …
… SCHNEIDE ICH EBEN SELBST DURCH!
WAPP
WAS ?!
OJE!
OJE, OJE!
VERSUCH, MICH AUFZUHALTEN …
… DU HASENFUSS!

SCHRRP
AAH, HÖR AUF.
MACHST DU IHN REIN, …
… WENN ICH DICH NICHT STOPPE?
SO ZIEMLICH.
ÜBRIGENS, DEINE BEINE BEWEGEN SICH NICHT!
AAH … WAS JETZT?
WENN WIR VERLIEREN, …
… WERDE ICH WIEDER EIN VERSAGER.
?
DABEI HAB ICH HART GEARBEITET, UM SO WEIT ZU KOMMEN …
KNABBER
KNABBER KNABBER
… UND DURCH DEN FUSSBALL NACH LANGEM MAL AN SELBSTVERTRAUEN GEWONNEN.
ICH HASSE DAS.
DAS DARF NICHT SEIN.
ARGH! MEINE …
… NEGATIVITÄT KOMMT WIEDER HOCH!
AAAH, DIESE SEITE HASSE ICH AN MIR!

ICH WILL SELBSTVER- TRAUEN!
DOMM
?!
ER RENNT LOS?!
Neuer Blue-Lock-Rang 3
AOSHI TOKIMITSU
TMP
NA JA, ICH KOMM ALLERDINGS PROBLEM- LOS VORBEI.
AAH!
NEIN!
SCHRRP
PRICK

?!
HÄ?
OBWOHL ICH KOMPLETT AN IHM VORBEI WAR, ...
... HAT ER MICH EINGEHOLT?!
FWOSCH
WENN DAS SO IST, ...
... LASSE ICH IHN ORDENTLICH STAUB FRESSEN!
SWURR
?!
EINE UNGLAUBLICH SCHNELLE DREHUNG!

ECHT JETZT?!
ER HAT MEGURU IM EINS-GEGEN-EINS AUFGEHALTEN ?!
UNMÖGLICH ... ER HAT SPÄT REAGIERT UND IHN TROTZDEM EINGEHOLT?!
SEINE AGILITÄT IST HERAUS-RAGEND!
ES HILFT NICHTS ...
ICH WILL EIN TOR ...

WENN ICH KEIN TOR MACHE, KOMM ICH NICHT ZUR RUHE!
FWOSCH
TOR!
TOR!
TOR!
IST ER DURCHGE-KNALLT?
HALT IHN AUF, YOICHI!
ER KOMMT!
AUS DEM WEEEG!
WAPP
WAPP
WAPP
WAPP
WAPP
RECHTS?! LINKS?! WOHIN?!
ICH KANN NICHT RE-AGIEREN!

GRAPP
SHIT!
ICH FOULE IHN, WENN'S SEIN MUSS!
?!
RUCK
WAS IST DAS FÜR EINE BÄRENKRAFT?!
KRRK KRRK KRRK
IST ER EIN GESCHOSS AUS PUREN MUSKELN?!

AH!
ICH GLAUBE, ICH SCHAFFE ES!
TOR!
Team Rot
Team Weiß
3 - 1
WAS IST DAS FÜR EIN TYP?!
JA!
GE-SCHAFFT!
STRAHL
STRAHL
WAS STIMMT DENN ...
... MIT DEN DREIEN NICHT?
AH!
ICH WAR GLÜCK-LICH ...

DAS SIND DIE WAHREN FÄHIGKEITEN ...
VERDAMMT ...
WENN ICH ÜBERMÜTIG WERDE, HASSEN MICH BESTIMMT ALLE UND DAS WAR'S DANN!
Neuer Blue-Lock-Rang 3
AOSHI TOKIMITSU
... DER NEUEN TOP 3 BEI BLUE LOCK!
AOSHI, ...
Neuer Blue-Lock-Rang 2
JYUBEI ARYU
... BIST DU EIN VERDAMMTER PSYCHO?
SPIELEN WIR ENDLICH WEITER.
Neuer Blue-Lock-Rang 1
RIN ITOSHI
ITOSHI IST NICHT DER EINZIGE ...
... MIT EINER IRREN WAFFE!

ICH MEIN, DIESE JUNGS ...
... HABEN SICH VORHIN ERST KENNENGELERNT UND IHR TEAMWORK IST FÜR DIE TONNE.
ARGH, ES IST VORBEI!
NEGATIVITÄT IST NICHT STILVOLL!
JEDER DER DREI KÄMPFT FÜR SICH, MIT SEINEN INDIVIDUELLEN FÄHIGKEITEN, RICHTIG?
WIR HINGEGEN ...
... HABEN DIE GANZE ZEIT IM GLEICHEN BLOCK GESPIELT ...
... UND SIND AUFEINANDER EINGESTELLT!
Team Rot
Team Weiß
3 - 1
WARUM SIND SIE TROTZDEM SO VIEL BESSER?!
WIE KONNTE DAS PASSIEREN?!
KANN ES SEIN, ...
... DASS WIR ...
... VERLIEREN WERDEN?!
WAHNSINN.
TAPP
ES GIBT ALSO NOCH MEHR SOLCHER TYPEN.
!

FUSSBALL ...
... MACHT WIRKLICH SPASS.
SEISHIRO ...
DASS ICH DAS SO SEHEN KANN, ...
... VERDANKE ICH DIR, YOICHI.
ALS NÄCHSTES ...
... WERDE ICH DIE SACHE NOCH SPASSIGER MACHEN.

Kapitel 47: Chemische Reaktion
WAS MACHEN DIE?
EINE TAKTIK-BESPRE-CHUNG?
GAR NICHT GUT.
DIE MACHEN JETZT GA-RANTIERT ERNST.

VER-
STEHE.
DAS IST ALSO DER FUSSBALL, DEN DU MIT UNS SPIELEN WILLST.
JA.
ICH DENKE, DAS WÄRE SPASSIG.
KLINGT GUT. ♪
WENN DAS SO WEITERGEHT, SIEHT'S ECHT DÜSTER AUS.
YOICHI?
ICH STIMME ZU.
DAS IST DER BESTE WEG, DEN TOP 3 KONTRA ZU GEBEN.
UND SEISHIRO, …
… HÄTTE NICHT GEDACHT, DASS DU EINER BIST, DER AKTIV SOLCHE IDEEN EINBRINGT.
HM.
TMP
DAS IST DAS ERSTE MAL.
WAS?

ICH WILL EBEN ...
... NICHT MEHR VERLIEREN UND FRUST SCHIEBEN MÜSSEN.
WENN ICH NICHT GEWINNE, ...
... MACHT ES KEINEN SPASS.
DAS IST WAHR. ♪
JA.
LOS GEHT'S!

WIEDERANSTOSS
Team Rot 3 - Team Weiß 1
WENN WIR UNS NOCH ZWEI FANGEN, HABEN WIR VERLOREN!
SEISHIRO WIRD VON ARYU GEDECKT.
WEGEN DESSEN SPRUNGKRAFT UND REICHWEITE WIRD SEISHIRO …
… IM EINS-GEGEN-EINS NICHT FREI AUFSPIELEN KÖNNEN!

DAS GLEICHE GILT FÜR MEGURU!
GEGEN TOKIMITSU MIT SEINER HERAUSRAGENDEN AGILITÄT ...
... IST SEINE WAFFE, DAS DRIBBELN, IM GRUNDE NICHTS!
WENN WIR UNS AUF DUELLE EINLASSEN, WERDEN SIE UNS WEITERHIN SCHLAGEN!
DARUM WERDEN WIR UNS NICHT ISOLIEREN.
WIR BLEIBEN INNERHALB VON 15 METERN ZUEINANDER ...
... UND GREIFEN MIT EINER DREIECKS-FORMATION AN!

MEGURU, DU BIST DER AUSGANGSPUNKT!
ICH MÖCHTE, DASS DU UNS MIT DEINER PASSWAHL ...
WAHL
... VOR DAS TOR FÜHRST.
!
DAPP
ABER DA ES NICHT MÖGLICH IST, DEN BALL LANGE ZU HALTEN, ...
... WERDEN YOICHIS UND MEIN SPIEL ...

... NUR AUS ONE-TOUCH-PÄSSEN BESTEHEN!
DIESE ANGRIFFS-METHODE KÖNNTE OHNE MEINE BALLKONTROLLE
... UND OHNE YOICHIS PRÄZISES DIREKTSPIEL ...
... NICHT UMGESETZT WERDEN.
DAPP
SEISHIRO HAT RECHT. WENN WIR IN EINS-GEGEN-EINS-SITUATIONEN NICHT GEWINNEN KÖNNEN, ...
AUF DIESE WEISE ...
... MÜSSEN WIR NUR EINE DREI-GEGEN-DREI-SITUATION SCHAFFEN!
WIR SCHAF-FEN ES!

... KONTROLLIEREN WIR DAS MITTELFELD!
DIE HABEN ANGEFANGEN, GUT ZU KOMBINIEREN!
ICH WERDE ...
... DICH STILVOLL AUFHALTEN.
ABER ABSCHLIESSEN WERDE NICHT ICH, DENN ICH HABE ARYU IM RÜCKEN, ...
... SONDERN DU, YOICHI!
SOBALD WIR VOR DEM TOR ANKOMMEN, ...
WHOOOOH
... WIRST DU TIMING UND ENTFERNUNG ...
... MIT DEINEM SCHARFEN AUGE BESTIMMEN ...

... UND IN DEN SCHUSSBEREICH ...
ICH SEHE IHN!
JETZT!
... HINEINLAUFEN!
DA IST ALLES OFFEN!
OKAY, PART-NER.
DORT ALSO. ALLES KLAR!

DAS IST JA SO WAS VON DURCHSCHAU-BAR.
?!
DACHTEST DU ETWA, DASS DU DER EINZIGE BIST, ...
... DER DAS SEHEN KANN?
ITOSHI?!
ERNSTHAFT?!
ER BESETZT MEINEN SCHUSS-BEREICH?!
RUCK
UN-MÖGLICH ...
TAPP
D... DU HAST ...
... ANGE-HALTEN!
DER BALL GE-HÖRT MIR!

DANN EBEN ...
SEISHIRO!
DOTZ
?!
EIN SCHNELLER FLACHPASS?!
NEIN, DAS BRINGT DOCH NICHTS!
ICH KANN MICH GRADE NICHT AM DREIECK BETEILIGEN!
GWOOOH
AH!
GE-NAU ...

FÜHLE ES!
MEIN GESCHENK AN DICH!
ER HAT TOTAL VIEL SPIN.
INTERESSANTER PASS.
OKAY.
ICH STOPPE IHN ...

... NICHT!
DAS MEINTEST DU, RICHTIG?
?!
WAPP
SO HATTEST DU DIR DAS VORGE-STELLT.
BINGO!
WOW!
DAS PASSIERT ALSO,

... WENN TALENT ...
Seishiro X Meguru
... AUF TALENT TRIFFT!
TOR!
BLUELOCK

EINE CHEMISCHE REAKTION!
BOOM! ♪
Team Rot 3-2 Team Weiß
Diejenigen, die die chemischen Reaktionen zwischen den Egos beherrschen, …
… werden jene Stürmer sein, die das nächste Ticket lösen.
KLATSCH
SCHÖN, SEISHIRO! MEGURU!
JA.
WAR ABER SO NICHT GEPLANT.
SOLCHE PÄSSE GIBT ES ALSO AUCH.
WAS?
MIT DEN PÄSSEN, DIE ICH BISHER …
… VON REO BEKAM, …
… KONNTE ICH TUN, WAS IMMER MIR IN DEM MOMENT EINFIEL.

ABER MEGURUS PASS ...
TIPP TIPP TIPP TIPP
WIE SOLL ICH SA-GEN?
FÜHLTE SICH AN, ALS WÜRDE ER MIR EINE IDEE INS HIRN EINHÄMMERN.
KÖNNTE MAN SICH DRAN GE-WÖHNEN, ODER? ♪
JA.
TOCK
WIE VIELE MACHEN WIR NOCH?
MIT DEM DREIECK BEHERRSCHEN WIR DAS MITTELFELD ...
... UND ICH BEMÜHE MICH, IN DIE AB-SCHLUSSPOSITION ZU GELANGEN.
AUF DIESER BASIS FÜHREN MEGURUS GEISTESBLITZE ...
... UND SEISHIROS INSTINKT, MIT DEM ER DARAUF REAGIERT, ZU EINEM TOR.

DAS IST UNSER FUSSBALL!
DANN EINS NOCH!
OKAY, ALLES KLAR.
WAS ICH ALSO TUN KANN, UM DIESEM TEAM …
… ZUM SIEG ZU VERHELFEN, IST …
QUATSCHEN AUF DEM SCHLACHT-FELD …
SCHRRP
IHR JUNGS SEID NICHT LERNFÄHIG, WAS?
!
AH!

FWO
CK
?!
ICH SETZE MEIN LEBEN ...
... IN JEDEM AUGENBLICK AUFS SPIEL.
VER-DAMMT ...
JA!
NOCH EIN TOR!

WOMM
?!
YOICHI!
WAS ICH TUN KANN, IST, ...
... GEFAHREN ZU ERKENNEN!

DOMP
YOICHI!
SUPER GEKLÄRT!
WAS DU SIEHST, ...
!
... SEHE ICH SCHON LANGE, ...
... ITOSHI.
DAS WAR NACHLÄSSIG.
MIT MEINEM GUTEN AUGE ...
... KONTROLLIERE ICH DAS FELD!

Kapitel 48: Die Schönheit der Parabel
ICH HABE MIR WAFFEN UND BESONDERHEITEN ...
... DER TOP 3 INS GEDÄCHTNIS EINGEPRÜGELT.
VON NUN AN ...
... KONTROLLIERE ICH DAS SPIELFELD!
Ballbesitz Team Rot!
Das Spiel wird mit einem Eckball fortgeführt!

Schütze
RIN ITOSHI
ALLE TORCHANCEN EXISTIEREN NUR FÜR MICH.
WAPP
DU NERVST.
SCHRRP
GRAPP
HEY …
GEH DA WEG.
AUF KEINEN FALL!
TAPP

SEISHIRO DECKT ARYU, DER DURCH SEINE GRÖSSE STARK IN DER LUFT IST.
UND MEGURU ÜBERNIMMT TOKIMITSU, DER MANNDECKER GUT ABSCHÜTTELN KANN.
DIE POSITION, DIE ICH EINNEHMEN SOLLTE, IST DIESER RAUM, WO ICH AUF BEIDE REAGIEREN KANN!
IDEALERWEISE SCHRÄNKE ICH IHRE PASSMÖGLICHKEITEN EIN, INDEM ICH HIER STEHE!
ICH ÜBERWINDE DIESE BRENZLIGE SITUATION ...
... UND LEITE EINEN KONTER EIN!
ICH WERDE DIESE MISERE ...
... IN EINE CHANCE VERWANDELN!
SCHRRP

DO
SCH
DER KOMMT HOCH!
EINE FLANKE AUF ARYU!

FWOOOHO
?!
HM?
NICHT ?!
ER FLIEGT ...
... ÜBER UNS HINWEG?!
EIN DIREKT-SCHUSS ...
... MIT TOPSPIN?!

TOR!
ER ...
... HAT DIREKT VON DER ECKE GETROFFEN!
Team Rot 4 - 2 Team Weiß

WOOO-OW!
W...
WAHNSINN!
DU ...
... WARST SCHON WIEDER STILVOLLER ALS ICH.
DAS ...
... IST DOCH UNFASSBAR.
HA HA ...
WIE SOLL MAN DAS VERHINDERN?
SHIT!
HAB ICH DAS FALSCH EINGESCHÄTZT?
HÄTTE ICH DEN ABFANGEN KÖNNEN, WENN ICH VON ANFANG AN AM LANGEN PFOSTEN GESTANDEN HÄTTE?!
ABER DANN WÄRE DER RAUM FREI GEWESEN, ...
... ALSO HATTE ICH DOCH KEINE WAHL, ALS DIESE POSITION EINZUNEHMEN, ODER?!
NOCH EIN TOR UND WIR HABEN VERLOREN.
SIEHT SCHLECHT AUS.
ABER WENN WIR ZUERST DREI MACHEN, ...
... GEWINNEN WIR.
JA.
STARTEN WIR EINEN GEGENANGRIFF.
DER FUSSBALL, DEN WIR DREI SPIELEN, ...

WIEDERANSTOSS
...
WIRD HIER AUF KEINEN FALL ENDEN!
DAPP
TMP
GUT!
WENN WIR UNS MIT DEM DREIECK DURCHS MITTELFELD SCHIEBEN, KONTROLLIEREN WIR WIE ERWARTET DAS SPIEL!
JETZT BRAUCHT ES NUR NOCH EINE IDEE ...
... FÜR DEN ABSCHLUSS!

DEN LETZTEN PASS AUF MICH HAT ITOSHI EBEN VORHERGE-SEHEN.
TMP
ES HAT NUR DANK SEISHIROS UND MEGURUS SPONTANER CHEMISCHER REAKTION GEKLAPPT.
SO EIN TOR …
… MACHT MAN GEGEN DIE TOP 3 NICHT BELIEBIG OFT.
DARUM …
… MUSS ICH DIESES MAL DIE CHEMISCHE REAKTION BEWIRKEN!
WENN ICH DAS NICHT SCHAFFE, WIRD KEIN TOR ENTSTEHEN!
ICH MUSS …
… IRGEND-ETWAS …

WIE LANGE WOLLT IHR NOCH HIN- UND HERPASSEN?
?!
UND IHR SCHIMPFT EUCH STÜRMER?
KOMM.
ICH BEENDE DAS.
SIEH NICHT AUF MICH HERAB, ...
... ITOSHI.
?!

WENN DU MIR SO AUF DIE PELLE RÜCKST, ...
... IST DER RAUM HINTER DIR VÖLLIG OFFEN.
JETZT!
MEGURU!
!
ICH WERDE ...
... DEN TORGERUCH ERZEUGEN!

FWOSCH
NA, EINEN SCHÖNEN FREIRAUM GEFUNDEN?
LERN NOCH MAL, WIE DAS MENSCHLICHE AUGE FUNKTIONIERT ...
HÄ?!
... UND KOMM DANN WIEDER, DU ABFALL.
WAS?!
WIR MÜSSTEN IHN MIT DEM PASS ...
... DOCH GERADE KOMPLETT ÜBERSPIELT HABEN, ODER NICHT?!
WARUM IST ER DANN HIER?!
DAS IST UNMÖGLICH!

SOLL DAS HEISSEN, ER HAT MEINE IDEE …
… VOLLSTÄNDIG VORAUSGESEHEN?!
„DACHTEST DU ETWA, WAS EINER WIE DU SIEHT, …"
„… KANN ICH NICHT SEHEN?"
?!
ECHT JETZT?!
SEI-SHIRO!
JA!
ICH STOPPE IHN.
ABER SELBST WENN, HAT ER NICHT VIEL-ZU SCHNELL REAGIERT?
WOHER WUSSTE ER, WIE ICH MICH BEWEG…
AH.
KANN ES SEIN, …
… DASS ICH …
… DEN FREIRAUM EBEN …
BLUE

... NICHT SELBST ENTDECKT HABE, ...
... SONDERN DASS ER IHN MIR GEZEIGT HAT, ...
... DAMIT ICH IN DIESE POSITION RENNE?!
ITOSHI HAT SICH EINE ZUKUNFTSVISION ERDACHT ...
... UND MICH MIT HINEINGEZOGEN?!
DAS IST GANZ ÜBEL.

DERJENIGE, DER DAS FELD KONTROLLIERT, ...
MEGURU!
SEISHIRO!
HALTET IHN AUF!
WAR NICHT ICH, SONDERN ER!
WIR WERDEN VERLIEREN.
DAS IST DOCH NICHT WAHR!
NEIN!
ICH ...

MIT MEINEN MOMENTANEN FÄHIGKEITEN KANN ICH NICHT MAL ERMESSEN, ...
... WIE GROSS DER UNTERSCHIED ZWISCHEN ITOSHIS NIVEAU UND MEINEM IST.

ICH WEISS ES NICHT.
SEIN VORSPRUNG IST SO …
… ERDRÜCKEND UND NIEDERSCHMETTERND.
UND DENNOCH …
WARUM WAREN MEINE AUGEN UND MEIN HERZ GEFESSELT, …
… OBWOHL …
… WIR HIER …
… VERLIEREN WÜRDEN?

GEFESSELT VON DER SCHÖNHEIT DER PARABEL, ...
... DIE SEIN SCHUSS BESCHRIEB.

TOR!
Team Rot
Team Weiß
5 - 2
ALSO DANN.
Sieger: Team Rot Itoshi x Aryu x Tokimitsu
WEN …
… SOLLEN WIR STEHLEN?

Dritte Stufe, Drei-gegen-drei-Rivalen-kampf.
Team Rot gewinnt mit 5:2!
Kapitel 49: Die Folgen eines Abschieds
WAS SAGT IHR, AOSHI, ...
... RIN?
WEN SOLLEN WIR STEHLEN?

MIR EGAL.
SPIELT KEINE ROLLE.
EHRLICH GESAGT BEGRIFF ICH IN JENEM MOMENT NOCH NICHT, ...
SO?
DANN ...
ICH DENKE, DER DA WÄRE GUT.
HM.
SO EIN ZUFALL.
DEN WILL ICH AUCH.
... WAS DIESER VERLUST FÜR MICH BEDEUTETE.
KOMM, ...

ICH WÜRDE IHM VON NUN AN HINTERHERRENNEN.

HI HI. ♪
D...
DEINE PÄSSE SIND HERAUS-RAGEND!
MIT DIR IN UNSEREM TEAM VOLLER EINZELKÖNNER WERDEN WIR NOCH STÄRKER!
AH!
ICH WERD WIEDER ÜBER-MÜTIG!
BITTE HASST MICH NICHT.
DU WIRST MEINE STILVOLLEN TORE VOR-BEREITEN.
MEGURU BACHIRA, DU WIRST MEIN HELFERLEIN SEIN.
WIE LANGE WOLLT IHR NOCH RUMLABERN?
GEHEN WIR ENDLICH WEITER.
TRÄUM NICHT RUM, PAGEN-SCHNITT.
DEIN SCHICKSAL LIEGT IN MEINER HAND.

VRRRN
Sieger Tor
AH …
…
TJA …
ICH WOLLTE …
… DEN WEG BIS ZUM ENDE MIT DIR GEHEN, YOICHI.
MEGU-RU …
TAPP
ICH BIN DANN MAL WEG.
SO SIND DIE REGELN.
ABER, YOICHI, …
… ICH WERDE NICHT WARTEN.

Sieger Tor
WENN DU MICH WILLST, ...
... KOMM UND HOL MICH.
ICH FOLGE STETS ...
... DEM MONSTER IN MIR.

Sieger Tor
ZWEITE AUSWAHL, DRITTE STUFE, DREI-GEGEN-DREI-RIVALENKAMPF.
DIE SPIELER SEISHIRO NAGI UND YOICHI ISAGI ...
... FALLEN DURCH DIE NIEDERLAGE ZURÜCK IN DIE ZWEITE STUFE.
ICH ...
FSSCHT

... HABE DAS GEFÜHL, ...
Verlierer Tor
... ETWAS WICHTIGES VERLOREN ZU HABEN.
Zweite Stufe
Zwei-gegen-zwei-Rivalenkampf
Matching-Raum
Matching Tor
2 vs 2
Pausenraum Tor
2. Stufe
2. Stufe
PUUUH.
WAPP
WAPP
Pausenraum Tor

Matching Tor
2 VS 2
NACH EINER NIEDERLAGE IM DREI-GEGEN-DREI KOMMEN DIE ZWEI VERBLEIBENDEN SPIELER ALSO IN DIESEN RAUM.
NA JA, ... SIEHT AUS, ALS WÄREN WIR DIE ERSTEN.
WAS MACHEN WIR JETZT?
JA ...
Pausenraum Tor
ES SCHEINT AUCH EINEN ORT ZUM AUSRUHEN ZU GEBEN.
WOLLEN WIR MAL REIN?
...
DAS IST NICHT DER RICHTIGE MOMENT ZUM AUSRUHEN.
WENN WIR DAS NÄCHSTE MATCH VERLIEREN, IST ES AUS.
...
WIR WERDEN GEWINNEN.
DIESES MAL WAR DER GEGNER EINFACH ZU STARK.
DAS IST NICHT DAS PROBLEM.
ICH BIN NICHT WIE DU ...

GEGEN DIE TOP 3 ...
... KONNTE ICH NICHTS AUSRICHTEN.
WAS REDEST DU DA, YOICHI?
DU HAST DOCH AUCH EIN TOR GEMACHT.
SWF SWF
DAS WAR DAS ERGEBNIS UNSERES ZUSAMMEN-SPIELS.
SO LÄUFT DAS DOCH IM FUSSBALL, ODER NICHT?
HÖR ZU!
WAS ICH MEINE, IST, DASS ICH NICHTS TUN KONNTE, ...
... ALS UNSER ZUSAMMENSPIEL IM KEIM ERSTICKT WURDE!

ICH KONNTE ...
... KEINE CHEMISCHE REAKTION ERZEUGEN, ...
... SO WIE DU UND MEGURU.
TOR!
DAS IST ALLES.
SOLLTEN WIR DAS NÄCHSTE SPIEL VERLIEREN, ...
... WIRD MAN DICH STEHLEN, SEISHIRO.
ICH WERDE NICHT AUSERWÄHLT.
WENN ICH DER GEGNER WÄRE, ...
... WÜRDE ICH EINEN SPIELER WIE MICH AUCH NICHT HABEN WOLLEN.

JETZT REICHT'S ABER, YOICHI.
GRAPP
?!
WENN DU DICH SO HÄNGEN LÄSST, WAS WIRD DANN AUS MIR?
AUA ...
HÄ?
ICH HAB MICH MIT DIR ZUSAMMENGETAN, WEIL ICH DACHTE, ICH KÖNNTE STÄRKER WERDEN, WENN ICH MIT DIR SPIELE.
ABER DEIN GEJAMMER IST NICHT GERADE HILFREICH.
REISS DICH ZUSAMMEN, DU IDIOT.

GEHT'S DIR NUR DRUM, VON MIR ZU PROFITIEREN?
GNN
GNN
STRENG DICH MEHR AN.
REO WÜRDE NICHT SO RUMHEULEN.
...
WAS SOLL DER SCHEISS?!
DANN BILD DOCH MIT IHM EIN TEAM!
GRA
HÖR AUF, MICH MIT IHM ZU VERGLEICHEN UND MIR DEINE IDEALE AUFZUZWINGEN!
ICH KANN'S NICHT ÄNDERN.
ICH HAB BISHER EBEN NUR MIT IHM FUSSBALL GESPIELT.
JETZT IST ES WIEDER DIE SCHULD VON JEMAND ANDEREM?!
JA?!
OHNE IHN KANNST DU WOHL NICHTS, WAS?!
...

DOMP
UND DU …
SCHNAUZE.
DAS WEISS ICH.
GENAU DAS ÄRGERT MICH JA.
… BIST OHNE MEGURU NICHT ZU GEBRAUCHEN.
„ICH FOLGE STETS DEM MONSTER IN MIR."
WAS SOLLTE DER SPRUCH?
SHIT …

ICH SCHAFFE ES AUCH OHNE MEGURU.
ICH WERDE BEWEISEN, ...
... DASS ICH AUCH ALLEINE KÄMPFEN KANN.
AH! VIEL-LEICHT ...
... IST DAS DER SINN DIESER AUSWAHL.
WAS?
NA JA, ...
... ICH WEISS NOCH NICHT ALLZU VIEL ÜBER FUSSBALL, ABER ...

... IN DEN BISHERIGEN ELF-GEGEN-ELF-SPIELEN ...
... HAT ES GEREICHT, WENN EINIGE SPIELER EINE NULL IN EINE EINS VERWANDELN KONNTEN, ...
Elf
... UND DER REST ZUSAMMENGE-ARBEITET HAT, UM DAS IN EINE 100 ZU VERWANDELN, RICHTIG?
ABER IN DER ZWEITEN AUSWAHL ...
... SIND WIR WENIGE UND DAS FELD IST KLEINER.
3 VS. 3
DER EIN-FLUSS JEDER EINZELNEN AKTION AUF DEN GESAMT-VERLAUF IST GRÖSSER.
GETESTET WIRD EINZIG UND ALLEIN ...
... DIE INDIVIDUELLE STÄRKE.

ACH SO, VERSTEHE.
WAS WIR VERSUCHT HABEN, ...
... NÄMLICH EINEN SPIELSTIL BASIEREND AUF PASSEN UND TEAMPLAY, FUNKTIONIERT NICHT.
JA, VERMUTLICH.
GEGEN SCHLECHTERE GEGNER VIELLEICHT SCHON, ...
... ABER VON NUN AN IST STÄRKE IM EINS-GEGEN-EINS DIE MINDESTANFORDERUNG.
EGAL, WER DIE MITSPIELER ...
... ODER DIE GEGNER SIND, ...
... MAN MUSS SICH IM ZWEIKAMPF BEHAUPTEN KÖNNEN!
DAS IST DER SCHLÜSSEL ZUM ÜBERWINDEN DER ZWEITEN AUSWAHL!
ÜBRIGENS, YOICHI, ...

... WIE WIRD MAN DAS GEFÜHL ...
... NAMENS „FRUSTRATION" LOS?
... GEWINNEN.
...
LEIDER NUR DURCH ...

ANDERS FLAUT DIESES FIEBER NICHT AB.
2. Stufe
VRRRN
!
WAS?
IHR SEID DIE EINZIGEN HIER?
DA MACHT MAN ALLEINE VIER TORE ...
... UND LANDET DANK EINES NUTZLOSEN TEAMS TROTZDEM AUF DEM MÜLLHAUFEN.

DAS MONSTER IN MIR SAGT:

BLUELOCK

Die Geschichte der Teambildung der Top 3
AAH …
WAS SOLL ICH TUN?
Sammelbereich für Absolventen der ersten Stufe
ZITTER
ZITTER
MAN BRAUCHT EIN DREIER-TEAM, UM WEITERZU-KOMMEN?
MIT EINEM WIE MIR TUT SICH DOCH KEINER ZUSAMMEN.
Neuer Blue-Lock-Rang 3
AOSHI TOKIMITSU
SBOUN
HM?
HEY, DU.
Bildet Dreierteams und geht dann weiter.
DAFÜR, DASS DU DIE STUFE ALS DRITTER GESCHAFFT HAST, BIST DU ABER NICHT STILVOLL.
FUNKEL
Neuer Blue-Lock-Rang 2
JYUBEI ARYU
S…
STIL-VOLL ?!
NA JA, ÄHM …
ICH ÜBERLEGE, MIT WEM ICH EIN TEAM …
WAS REDET DAS LANGHAAR DA?!
IST DOCH WOHL KLAR.
DIE TOP 3 TUN SICH ZUSAMMEN. DAS IST DIE STILVOLLSTE UND EDELSTE VARIANTE.
ICH WEISS DAS ZU SCHÄTZEN, ABER … DIESER KERL IST DEFINITIV EIN SPINNER.
MIT DEM WILL ICH NICHT UNBEDINGT IN EIN TEAM.
HA …
HA HA.

ICH WERDE HÖFLICH ABLEHNEN!
HE HE!
TJA ...
ABER EIGENTLICH ...
... BIN ICH GAR NICHT SO GUT.
ICH HAB NUR DURCH ZUFALL BESTANDEN.
HEY.
HM.
ACH JA?
DAS REICHT JETZT.
I...
ICH GLAUB, DER RETTET MICH.
PUH
KOMM ENDLICH INS TEAM.
STARR
DU VERSCHWENDEST MEINE ZEIT.
Neuer Blue-Lock-Rang 1
RIN ITOSHI
Der scheint ja ...
... noch schlimmer zu seeein ...
ITOSHI X ARYU X TOKIMITSU.
HA HA
F... FREUT MICH.
HA HA
SEHR VERNÜNFTIG. DAS IST STILVOLL.
TEAM GEBILDET!

Blue Lock Man
Umfassend erklärt
Größe: 195 cm
Dank seines holografischen Körpers und seiner KI (künstliche Intelligenz) imitiert er die weltbesten Torhüter!
Man kann mit zwei Aktionsmodi trainieren!
Aktiver Modus
Kommt aktiv aus dem Tor raus und wehrt Bälle ab!
Defensiver Modus
Ausgewogene Torraumabsicherung!
* In einem Spiel wird er so eingestellt, dass er beide Modi gleichermaßen anwendet.
Durch einen Chip im Ball und Sensoren in den Anzügen erfasst er die Bewegungen der Spieler und des Balls!
Chip
Anzug-sensoren
Weiß
Rot
etc.
Man kann auch Farbvariationen wählen!

◉ Story	**Muneyuki Kaneshiro**	
◉ Artwork	**Yusuke Nomura**	
◉ Assistenten	Aratama Takaniwa Sato Otake Harada Kawai	Aoi Ayazuka Hara Muto Sannomiya (zufällige Reihenfolge)
◉ Design	Hisamochi Osoko (hive)	

Vielen Dank, dass du Band 6 gekauft hast!
Wie in der obigen Liste zu sehen, haben uns bereits etwa die Hälfte der Mitarbeiter verlassen, weil sie ihr eigenes Debüt feiern oder eine Serie starten konnten.
Ich fühle mich wie eine Mutter, die in der Heimat zurückbleibt.

Vorschau
NACHDEM YOICHI UND SEISHIRO IN DER DRITTEN STUFE DER ZWEITEN AUSWAHL BESIEGT WURDEN, ERSCHEINT VOR IHNEN ...
... KING SHOEI BARO!
DU TALENTLOSER AMATEUR ... AUSSER BALLANNAHMEN KANNST DU GAR NICHTS.
FÜR EINEN VERLIERER BELLST DU GANZ SCHÖN LAUT.
BESIEGT IHN!
SOLL DICH DER KING PERSÖNLICH ZERQUETSCHEN?
ICH WERDE GEWINNEN UND DICH ZU MEINEM DIENER MACHEN.
DAS MATCH STEHT FEST.
YOICHI X SEISHIRO VS. TEAM BARO
2. Stufe
2 VS. 2
Rivalenkampf

WER HIER NICHT GEWINNT, ÜBERLEBT NICHT!
FINDE EINE WAFFE, MIT DER DU DAS EINS-GEGEN-EINS DOMINIERST!
BESIEGE BARO!
BLUE LOCK 7

BLUE LOCK

ICH BIN KEIN ALTER HERR!
ICH BIN OBER-SCHÜLER!

BLUE LOCK

KODANSHA

BLUE LOCK

First published in Japan in 2019 by Kodansha Ltd., Tokyo.
Publication rights for this German edition arranged through
Kodansha Ltd., Tokyo.

Deutschsprachige Ausgabe / German Edition
© 2025 Crunchyroll SA
CH-1007 Lausanne
2. Auflage

Aus dem Japanischen von Markus Lange

Redaktion: Katharina Altreuther
Herstellung: Sonja Lesch
Lettering: Paolo Gattone, Chiara Antonelli
Druck und Bindung: GGP Media GmbH, Pößneck

ISBN 978-2-88951-462-5